지은이 **샘 혼 Sam Horn**

비즈니스 커뮤니케이션 전문가이자 커뮤니케이션 컨설팅 전문업체 인트리그Intrigue 에이전시 대표. 내셔널지오그래픽·포춘·인텔·보잉·NASA 등 수백 개 기업의 초청을 받아 강연을 해왔고, 각종 워크숍, TED를 통해 사람들과 소통해 왔다.

《적을 만들지 않는 대화법》외에도《함부로 말하는 사람과 대화하는 법》,《사람들은 왜 그 한마디에 꽂히는가》,《말하지 않으면 인생은 바뀌지 않는다》,《나를 되찾는 집중의 기술》등 여러 권의 베스트셀러를 썼다.

그중《적을 만들지 않는 대화법》은 한국을 비롯한 9개국에 번역되어 전 세계적 호응을 얻었고, 2008년 국내 출간 이후 교보문고, YES24, 알라딘 등 주요 서점에서 폭발적인 역주행 결과 올해의 베스트셀러(2013년)로 선정되기도 했다. 출간 후 17년이 지난 지금까지도 독자들에게 '최고의 화술책'으로 극찬받으며 특유의 긍정적인 에너지와 선한 영향력을 전하고 있다.

엮은이 **이상원**

서울대학교 가정관리학과와 노어노문학과를 졸업하고 한국외국어대학교 통번역대학원에서 석사학위와 박사학위를 받았다. 현재 서울대학교 기초교육원에서 강의교수로 일하며 15년 넘게 글쓰기 수업을 진행하고 있다.

《적을 만들지 않는 대화법》,《살아갈 날들을 위한 공부》등 90여 권의 책을 우리말로 옮겼다. 저서로는《엄마와 함께한 세 번의 여행》,《매우 사적인 글쓰기수업》,《번역은 연애와 같아서》,《서울대 인문학 글쓰기 강의》가 있다.

적을 만들지 않는
100일 필사

TONGUE FU!
: How to Deflect, Disarm, and Defuse Any Verbal Conflict

Text Copyright © 1996 by Sam Horn
Originally published in the United States in 1996
by St. Martin's Press, an imprint of St. Martin's
Publishing Group, New York.
Published by arrangement with St. Martin's Press.
All rights reserved.

Korean Translation Copyright © 2025 by Galmaenamu Publishing
Korean edition is published by arrangement with St. Martin's Publishing Group
through Imprima Korea Agency

이 책의 한국어판 저작권은 Imprima Korea Agency를 통해
St. Martin's Publishing Group와의 독점계약으로 갈매나무에 있습니다.
저작권법에 의해 한국 내에서 보호를 받는 저작물이므로
무단전재와 무단복제를 금합니다.

100일 필사 × 글쓰기

적을 만들지 않는 100일 필사

*

샘 혼 지음 | **이상원** 엮음

갈매나무

―― 이 책의 활용법 ――

하루 5분이면 충분합니다.
100일 동안 이 책의 여정을 따라
마음의 평화에 다다라 보세요.

* 명언 *

002 /100

우리는 사물을 있는 그대로 보지 않고
자기 상황과 형편에 따라 달리 본다.

We don't see things as they are,
we see things as we are.

아나이스 닌 Anaïs Nin, 작가

- 명언을 읽고, 의미를 생각합니다. 글귀를 읽으며 떠오르는 사람이나 상황이 있었나요? 어떤 감정이 들었나요?
- 오른쪽 빈 공간에 문장을 필사하며 마음을 다스립니다. 나를 돌아보며 적을 만들지 않는 하루를 만들어 보세요.
- 함께 제시된 영어 원문을 같이 필사해도 좋습니다.
- 필사하다가 실수해도 괜찮습니다. 중요한 것은 이 책과 함께하는 여정의 솔직한 기록을 남기는 것입니다.

※ 적을 만들지 않는 한 문장 ※

남들도 불만을 가지는 일인가, 당신 혼자만 거슬린다고 느끼는가? 이런 기준을 근거로 당신은 지금 입을 열어야 할지, 아니면 잠자코 있어야 할지 결정할 수 있다. 요점은 어느 쪽이든 충분한 고민을 거친 후 행동에 옮겨야 한다는 것이다.

• 명언과 함께 읽으면 더욱 좋은 《적을 만들지 않는 대화법》의 지은이 샘 혼의 조언을 추렸습니다.

※ 주차별 글쓰기 연습 ※

**미움 혹은 마음을
헤아려 봅니다**

최근 누군가를 상대로 느낀 미움이나 화에 대해 떠올려 봅시다. 어떤 상황에서 어떤 이유로 그 사람에게 화가 났을까요? 찬찬히 생각하고 써보세요. 한 걸음 더 나아갈 수 있다면, 그 사람이 되었다고 생각하면서 그 순간 그런 행동이 나오게 된 배경을 미루어 짐작해 써보아도 좋겠습니다.

• 한 주가 끝났다면 이제는 나만의 문장을 써볼 시간입니다. 이상원 교수가 제시한 글쓰기 주제와 함께 일주일 동안 스스로를 성찰한 모습을 정리해 보세요.

어디서부터 시작해야 할지
모른다면
시작할 수 없다

조지 패튼 George S. Patton

들어가며

만나서 반갑습니다! 이 책과 함께 새로운 도전을 시작하는 당신을 환영합니다. 모든 책의 첫 장을 여는 일은 새로운 도전입니다. 그런데 이 책은 눈으로 글자를 읽어가는 데 그치지 않고, 문장 옮겨 쓰기·자기 돌아보기·글쓰기 등 여러 활동을 여러분이 직접 하게끔 만들어졌다는 점에서 더 큰 도전이라 할 수 있습니다.

이 책의 토대가 된 것은 《적을 만들지 않는 대화법》이라는 책입니다. 2008년에 번역본 초판이 나온 후 2023년에 15주년 특별판이 나올 정도로 오랫동안 한국 독자들의 사랑을 받은 책이지요. 그 책에 소개된 유익한 글귀들만 따로 모아 두고두고 읽고 싶다는 요청이 쌓이면서 지금 당신 손에 들린 책이 만들어졌습니다.

이 책은 총 100일 동안 당신 곁을 지키려 합니다. 하루 종일 붙잡아야 한다는 뜻은 아닙니다. 당신의 삶은 안 그래도 충분히 바빠

흘러가고 있을 테니까요. 다만 매일 딱 5분만 시간을 내주세요. 그날의 글귀 하나를 읽고 옮겨쓰는 데 걸리는 시간이죠. 혹시 그날의 당신 상황에 맞아들어가는 글귀라면, 혹은 머리를 한 대 맞은 듯 울림이 있다면, 하루 동안 기억하며 나를 이끄는 화두로 삼아도 좋겠습니다.

100일을 14주로 나누어 마디를 만들어 두었습니다. 7일이 지나고 나면 한 주 동안 만났던 글귀를 다시 살펴보면서, 당신이 보낸 일주일을 돌이켜 보는 시간을 가졌으면 합니다. 그 시간이 더 의미 있도록 글쓰기 기회도 마련했습니다. 30분 정도 시간을 내 당신의 경험과 생각에 관해 짧은 글을 써보는 거죠. 무엇을 쓸지 막막한 경우를 위해 질문도 드립니다. 그 질문에 답하는 글을 써도, 당신이 원하는 방향의 글을 써도 좋습니다. 책에 주어진 공간이 부족하다면 공책이나 휴대전화 메모장, 컴퓨터 문서 등을 활용해 보세요.

이 책과 함께하면서 당신의 하루가, 한 주가, 100일이 그전과는 조금 달라지기를 기대합니다. 좋은 글귀를 접하고 생각하고 자신에게 대입해 보는 일은 내 삶을 다시 바라보게끔, 또한 세상을 새로이 만나게끔 하는 법이니까요.

자, 오늘부터 1일입니다.
다음 페이지의 첫 번째 글귀부터 출발해 볼까요?

 001 /100

자신의 의견을 절대 바꾸지 않거나
실수를 절대 고치지 않는 사람이
오늘보다 내일 더 현명해지기란 불가능하다.

He that never changes his opinions,
never corrects his mistakes, and will never be wiser
on the morrow than he is today.

타이런 에드워즈 Tyrone Edwards, 작가

차례

들어가며 어디서부터 시작해야 할지 모른다면 시작할 수 없다 008

1 • 닫힌 마음이 가장 끔찍한 감옥이다
✕— 누가 틀렸을까? 018

1주차 | 들여다보기 021
✎_미움 혹은 마음을 헤아려 봅니다 036

2주차 | 돌아보기 039
✎_나를 지배하는 생각을 뒤집어 봅니다 054

3주차 | 다스리기 057
✎_분노했던 순간을 돌이켜 봅니다 072

2 · 듣지 않는다면 배우지 않는 셈이다
✘― 타인에게 말 걸기 078

4주차 | 속 나누기 081
✎_마음을 뒤흔든 대화를 떠올려 봅니다 096

5주차 | 귀 기울이기 099
✎_침묵 속에서 복기해 봅니다 114

6주차 | 지켜내기 117
✎_어떤 관계를 남길지 곱씹어 봅니다 132

7주차 | 공감하기 135
✎_갈등을 빚었던 상대방이 되어 봅니다 150

3 · 망치를 휘두르며 관계를 만들 수는 없다
✗— 서로 맞추어 간다는 것 156

8주차 | 친절하기 159
✎_다정하지 않을 이유를 정리해 봅니다 174

9주차 | 시도하기 177
✎_후회하는 일들을 톺아봅니다 192

10주차 | 전달하기 195
✎_존중하는 마음을 되짚어 봅니다 210

11주차 | 함께 웃기 213
✎_크게 웃은 순간을 되살려 봅니다 228

4 · 우리의 태도가 세상을 색칠하는 크레용이다
✘─ 더 많이 판단할수록 더 적게 사랑하는 이유 234

12주차 | 용감해지기 237
✎_솔직하고 당당하게 행동해 봅니다 252

13주차 | 다시 일어나기 255
✎_실패의 의미를 생각해 봅니다 270

14주차 | 평화에 다다르기 273
✎_행복해지기를 선택해 봅니다 288

나가며 우리가 할 일은 과거에 대한 비난이 아닌, 미래를 위한 계획이다 294

※ 1 ※

닫힌 마음이
가장 끔찍한 감옥이다

교황 요한 바오로 2세 | Pope John Paul II

누가 틀렸을까?

세상을 함께 살아가는 일은 우리 모두에게 주어진 숙제입니다. 혼자 일할 수도, 혼자 놀 수도, 혼자 먹고 잘 수도 없는 게 우리 인생이죠. 그런데 함께 살아가기가 말처럼 쉽지는 않습니다. 매일, 아니 매 순간 도전 상황이 발생합니다. 가족이나 친구, 동료처럼 가까운 사이에서도 크고 작은 마찰이 이어집니다. 이견을 조율하여 같이 무언가를 이뤄내야 하는 상황이라면 갈등은 더 필연적입니다. 정치적·종교적 견해차라면 더 말할 것도 없죠.

혹시 '난 프리랜서니까 혼자 일하는 거야'라고 생각하는 분도 있을지 모르겠습니다. 하지만 프리랜서라 해도 함께 일해야 하는 건 마찬가지입니다. 예를 들어 저는 번역 작업을 혼자 하는 프리랜서입니다만, 번역할 책을 찾고 계약하는 일, 번역 원고를 받아 검토하고 편집해서 책으로 만드는 일, 홍보하고 판매하는 일은 모두 출판

사의 다른 사람에게 기대고 있죠. 이렇게 완성된 책을 사서 읽어주는 독자도 전체 과정의 중요한 부분입니다. 독자가 없다면 제가 책 번역 일을 계속하기는 불가능할 테니까요.

함께 살아가야 하는 이 숙제를 해나가는 당신은 어떤 특징을 지닌 사람인가요? 좌충우돌형인가요? 평화주의자인가요? 지금부터 3주 동안은 내가 어떤 사람인지 생각해 보는 글귀들을 만나봅니다.

분주히 살다 보면 내가 어떤 사람인지 생각할 짬조차 내기 어렵습니다. 닥쳐오는 일들에 정신없이 대처하고 숨 돌릴 새도 없이 다음 일을 맞이해야 하니까요. 하지만 그럼에도 내가 어떤 사람인지, 세상살이에서 무엇을 중시하는지, 어떤 상황을 참기 어려워하는지, 어떤 경험을 소중히 간직하는지 아는 일은 매우 중요합니다. 크고 작은 의사 결정에 기준을 세울 수 있고 더 나아가 인생 항로의 좌표를 잡을 수 있게 해주니까요. 이 책이 그 깨달음의 시작점이 될 수 있기를 바랍니다.

물론 여기서 꼭 기억해야 할 점이 있습니다. 바로 유연성이죠! '나는 이런 사람이니 내가 용인할 수 있는 건 여기까지야! 이걸로 끝!'이라는 단언은 곤란합니다. 세상만사는 변화하고 나 역시 그럴 수 있습니다. 나이가 들고 경험이 쌓이면서 스스로 바뀌어 간다는 건 다 아는 일이잖아요?

1주차

*

들여다보기

 002 /100

우리는 사물을 있는 그대로 보지 않고
자기 상황과 형편에 따라 달리 본다.

We don't see things as they are,
we see things as we are.

아나이스 닌 Anaïs Nin, 작가

남들도 불만을 가지는 일인가, 당신 혼자만 거슬린다고 느끼는가? 이런 기준을 근거로 당신은 지금 입을 열어야 할지, 아니면 잠자코 있어야 할지 결정할 수 있다. 요점은 어느 쪽이든 충분한 고민을 거친 후 행동에 옮겨야 한다는 것이다.

Date . . .

누군가에게 화가 났다면,
그건 사실 당신 입장에서만
상황을 바라본다는 뜻이다.

If you're angry with someone,
you're probably only seeing things
from your point of view.

샘 혼 Sam Horn, 커뮤니케이션 코치

Date . . .

 004 /100

미움은 암처럼 인성을 파괴하고 생기를 갉아먹는다.

*Like an unchecked cancer,
hate corrodes the personality
and eats away its vital unity.*

마틴 루서 킹 2세 Martin Luther King Jr., 성직자

'이 사람은 왜 이렇게 까다롭게 구는 걸까?'와 '나라면 어떨까?'라는 두 질문을 통해 우리는 상대에 대한 빈정거림에서 벗어나 공감으로 향하게 된다. 그저 이유를 고민하는 몇 초의 시간 덕분에 당신은 나중에 후회하게 될 말을 입 밖에 내지 않게 될 테니, 그걸로 충분하다.

005 /100

평화는 풀뿌리 수준에서 시작될 수밖에 없다.
그 출발점은 당신이다.

*Peacemaking ultimately must begin
at a grassroots level, it begins with you.*

스콧 펙 M. Scott Peck, 의사 겸 작가

Date . . .

 006 /100

내가 저지른 모든 실수,
내가 목격한 모든 소란은 결국
충분히 생각하지 않고 행동한 결과였다.

*All the mistakes I have made, all the follies
I have witnessed, all the errors I have committed
have been the result of action without thought.*

무명씨 Anonymous

 심술꾼을 미워하는 것은 아무 소용이 없다. 당신의 건강, 행복, 마음의 평화는 당신이 지켜야 한다. 진흙탕 속 싸움에 휘말리면 이겨봤자 진흙투성이가 된다.

Date . . .

007 /100

남들의 실수에서 배워야 한다.
그 실수를 다 직접 겪어보기에는 인생이 짧다.

We should learn from the mistakes of others.
We don't have time to make them all ourselves.

그라우초 막스 Groucho Marx, 희극인

Date . . .

 008 /100

더 많이 알수록
더 많이 용서하게 된다.

The more a man knows,
the more he forgives.

공자 Confucius

상대의 행동이 여전히 마음에 들지 않는다고 해도 공감의 질문을 통하면 최소한 그 행동을 이해할 수는 있게 된다. 무엇 때문에 그런 행동이 나왔는지 생각할 시간을 갖는 것, 이는 용서를 향한 첫 걸음이다.

Date . . .

> 1주차 글쓰기

미움 혹은 마음을
헤아려 봅니다

최근 누군가를 상대로 느낀 미움이나 화에 대해 떠올려 봅시다.
어떤 상황에서 어떤 이유로 그 사람에게 화가 났을까요?
찬찬히 생각하고 써보세요. 한 걸음 더 나아갈 수 있다면,
그 사람이 되었다고 생각하면서 그 순간 그런 행동이
나오게 된 배경을 미루어 짐작해 써보아도 좋겠습니다.

2주차

*

돌아보기

 009 /100

모두가 세상의 변화를 꿈꾼다.
하지만 자신의 변화를 생각하는 이는
아무도 없다.

*Everyone thinks of changing the world,
but no one thinks of changing himself.*

레프 톨스토이 Lev N. Tolstoy, 소설가

자신을 변화시키는(더 단호한 모습으로든, 긍정적인 면에 더 초점을 맞추는 방향으로든) 과정을 통해 남이 당신을 대하는 방식까지도 바꾸게 되는 경우가 많다. 결국 상황도 호전된다. 자신을 바꾸면서 주변 세상까지도 바꾸게 되는 것이다.

Date . . .

이기심은 자기 삶을 원하는 대로
사는 것이 아니다.
남들에게 자기가 원하는 대로
살아달라고 요구하는 것이다.

*Selfishness is not living as one wishes to live
—it is always asking others to live as one
wishes to live.*

오스카 와일드 Oscar Wilde, 소설가

Date . . .

011 /100

편견이란 무엇인가?
이성에 근거하지 않은 의견,
양쪽이 의견을 듣지 않고 내린 판단,
곰곰이 따져보지 않은 감정이 그것이다.

What's prejudice?
An opinion, which is not based upon reason;
a judgment, without having heard the argument;
a feeling, without being able to trace
whence it came.

캐리 채프만 캐트 Carrie Chapman Catt, **여성 권리 운동가**

Date . . .

 012 /100

본래부터 좋거나 나쁜 일은 없다.
생각이 그렇게 만들 뿐이다.

*There is nothing either good or bad,
but thinking makes it so.*

셰익스피어 Shakespeare, 작가

"좋은 점은 무엇이지?"라는 질문을 던지면, 긍정적인 게임이 시작된다. 좋은 일이 늘 분명하게 드러나는 것은 아니다. 하지만 열심히 찾는다면 반드시 나타나는 법이다.

013 /100

최고의 지적 능력은 반대되는 두 가지 생각을 동시에 할 수 있는지 여부로 판단된다.

*The test of a first-rate intelligence
is the ability to hold two opposed ideas
in the mind at the same time.*

스콧 피츠제럴드 Scott Fitzgerald, 작가

외적인 사건으로 괴롭다면
그 고통은 사건 자체가 아니라
사건에 대한 당신의 생각에서 비롯된 것이다.
당신은 언제든 스스로 생각을 뒤집을 수 있다.

*If you are distressed by anything external,
the pain is not due to the thing itself,
but to your estimate of it;
and this you have the power
to revoke at any moment.*

마르쿠스 아우렐리우스 Marcus Aurelius, 철학자

Date . . .

핑계를 찾지 말고 도움을 주어라.

Don't make excuses – make good.

프랭크 허바드^{Frank Hubbard}, 하프시코드 제작자

당신이 할 수 없는 일, 상대가 얻을 수 없는 것 대신에 당신이 할 수 있는 일, 그로 인해 상대가 얻을 수 있는 것에 초점을 맞추라. 이를 통해 이해와 공감의 촛불이 밝혀질 것이다. 이것이 사람을 얻기 위한 첫 단계다.

> 2주차 글쓰기

나를 지배하는 생각을
뒤집어 봅니다

모든 일은 마음에 달렸다고들 합니다. 당신도 그렇게 생각하나요? 아침에 일어나서 출근하기가 너무 싫다고 느낄 때 생각을 뒤집으면 내가 하루를 보낼 무대가, 내가 역할을 해낼 세상 속 한 자리가 마련되어 있는 게 참 좋고 고마운 일이 됩니다. 반대도 있죠. 한없이 좋을 거라 기대했던 여행이나 만남이 불쾌함과 짜증을 낳기도 합니다. 지난 한 주 동안 당신이 겪은 일들을 생각해 보세요. 한두 개를 골라 어떻게 마음을 바꾸면 달리 볼 수 있을지 써봅시다.

3주차

*

다스리기

 **016** /100

분노의 한순간을 이겨내면
백 일 동안의 슬픔을 피할 수 있다.

*If you are patient in one moment of anger,
you will escape a hundred days of sorrow.*

중국 속담

극단적 표현은 극단적 반응을 유발한다. 진실이 과장되면 상대는 분노하기 마련이다. 전부가 아니면 아무것도 아니라는 논리가 불공평하다고 생각하고는 즉각 예외적인 부분을 언급할 것이다.

Date . . .

가진 연장이 망치밖에 없다면
모든 문제를 못으로 보게 된다.

*If the only tool you have is a hammer,
you tend to see every problem as a nail.*

에이브러햄 매슬로 Abraham Maslow, 심리학자

 018 /100

분노의 대부분은
주의를 기울여달라는 울부짖음이다.

Most anger is a cry for attention.

샘 혼 Sam Horn, 커뮤니케이션 코치

사람들은 본래 관심을 끌기 위해 까다롭게 군다. 자신의 간절한 메시지가 제대로 전달되지 않았다고 느끼는 사람은 더더욱 강한 행동을 보이게 된다. 이를테면 고함을 지를 수도, 욕설을 퍼부을 수도 있는 것이다.

Date . . .

부당하게 대우받는 일은 중요하지 않다.
이를 계속 기억하지만 않는다면 말이다.

To be wronged is nothing…
unless you continue to remember it.

공자 Confucius

사람들과 함께 어울려 살고 일하다 보면 온갖 일들이 벌어진다. 이럴 때는 적절한 표현을 통해 갈등과 괴로움을 정리하고 넘어가는 것이 필요하다. 그렇게 하지 못한다면 그 상황에 끝없이 시달리기 십상이다.

Date . . .

눈에는 눈이라는 규율은
모두를 장님으로 만든다.

*The old law about 'an eye for an eye'
leaves everybody blind.*

마틴 루터 킹 2세 Martin Luther King Jr., 성직자

Date   . . .

 021 /100

약자는 용서하지 못한다.
용서는 강자만이 할 수 있다.

The weak can never forgive.
Forgiveness is the attribute of the strong.

마하트마 간디 Mahatma Gandhi, 정치인

"누가 한 짓이야?"라는 사고에서 "이제 우리는 어떻게 할 수 있을까?"라는 태도로 옮겨가야 한다. 입씨름은 아무 성과도 가져오지 못한다는 점을 분명히 알려야 한다. 그보다는 어떻게 애초의 목표를 달성할 것인지 논의하는 편이 훨씬 생산적이다.

Date . . .

022 /100

인생의 행복은 싸움을 하는 것이 아니라
싸움을 피하는 데 있다.
멋진 퇴각은 그 자체가 곧 승리이다.

Part of happiness of life consists not in
fighting battles but in avoiding them.
A masterly retreat is in itself a victory.

노먼 빈센트 필 Norman Vincent Peale, 성직자

Date . . .

> 3주차 글쓰기

분노했던 순간을
돌이켜 봅니다

살다 보면 분노할 일이 참 많기도 합니다.
정치 문제나 사회 정책에 분노하기도 하고, 함께 대화하던
누군가의 한마디에 머리끝까지 화가 나기도 하죠.
분노가 치밀어 오를 때 당신은 어떻게 행동하나요?
어떻게 분노를 표출했는지, 혹은 어떻게 분노를 가라앉혔는지
곰곰이 생각하고 써보세요. 다음에 또 그런 상황이 벌어진다면
어떻게 하고 싶은가요?

＊ 2 ＊

듣지 않는다면
배우지 않는 셈이다

린든 존슨 Lydon Johnson

타인에게 말 걸기

앞으로 4주 동안은 대화에 관해 생각해 보려 합니다. 당신은 어떤 대화를 즐기는 사람인가요? 당신이 대화에서 중시하는 점은 무엇인가요? 당신이 좋아하는 대화 상대에게는 어떤 특징이 있나요?

우리는 누가 '대화를 잘한다'고 하면 흔히 말을 잘한다고 알아듣습니다. 재미있는 이야깃거리를 가져와 유창하게 전달해 모두의 이목을 집중시키는 모습을 떠올리죠. 하지만 잘 말하는 것 못지않게, 어쩌면 더 중요한 것이 잘 듣는 일입니다. 대화는 주고받는 말하기이니 말을 '주는' 사람이 있으면 동시에 말을 '받는' 사람도 있어야 하는 거죠.

듣기는 좋은 대화를 이끕니다. 상대와 처음 만나 대화하는 상황을 상상해 봅시다. 성격이 어떤지, 관심사가 무엇인지 아직 전혀 모릅니다. 무엇에 관하여 어떤 방식으로 대화하면 좋을지도 알 수 없죠. 그걸 알아내는 방법은 상대의 말을 유심히 듣는 겁니다. 당신이 던진 짧은 질문에 상대가 어떤 답변을 하는지 집중해서 들으면 다음에 어떤 질문을 해야 할지 감이 잡힙니다. 대화하고 싶어 하는 주제도 찾아낼 수 있습니다. 건드리지 말아야 하는 주제가 무엇인지 드러날지도 모릅니다.

자주 만나는 사람, 심지어 매일 만나는 가족과 대화할 때도 이 점을 기억해야 합니다. 익숙해지면 우리는 잘 듣지 않고 미뤄 짐작하거나 넘겨짚기 시작합니다. 대화의 양측이 모두 이렇게 대충 듣고 말한다면 오해가 쌓일 수밖에 없습니다.

우리 주의를 사로잡는 것이 넘쳐나는, 그리하여 걸핏하면 주의가 분산되는 요즘은 유심히 잘 듣기가 한층 힘들어진 것 같습니다. 가장 중요한 순간은 지금이고 가장 중요한 사람은 내 앞에 있는 사람이라고 하죠. 대화에 관한 글귀를 필사하는 과정에서 당신의 듣기에 대해 성찰해 봅시다. 변화가 필요하다고 판단되면 바로 일상에서 실천해 보면 어떨까요?

4주차

*

속 나누기

 023 /100

친절한 한마디는 짧지만
그 울림은 끝이 없다.

*Kind words can be short and easy to speak,
but their echoes are truly endless.*

마더 테레사 Mother Teresa, 성직자

'하지만'은 적대감을 낳고 '그리고'는 공감을 낳는다. 지금 누군가와 견해차가 있어 고민 중인가? 그렇다면 두 사람 모두 '하지만'을 즐겨 사용하고 있는 것은 아닌지 살펴보라.

Date . . .

막대기나 돌멩이는 내 뼈를 부러뜨릴 수 있다.
하지만 말은 마음을 무너뜨린다.

Sticks and stones can break my bones,
but words can break my heart.

로버트 풀검 Robert Fulghum, 작가

 025 /100

목소리를 높이는 것은
대화 수준을 떨어뜨리는 지름길이다.

Nothing lowers the level of conversation more than raising the voice.

스탠리 호로비츠Stanley Horowitz, 작가

 화난 사람에게 귀를 기울여라. 그러면 그는 저절로 목소리를 낮추고 이성적으로 굴 것이다. 주의를 집중시키기 위해 연기할 필요가 없기 때문이다. 주의 집중을 통해 우리는 상대의 공격성에 가려진 진짜 이유를 발견할 수 있다. 제대로 이유를 찾았다면 해결하는 것도 금방이다.

Date . . .

대화의 정확성은 중요하다.
일촉즉발인 우리 시대에는 더욱 그렇다.
틀렸거나 오해를 유발하는 말이
돌발 행동만큼이나 비극적인 결과를
낳을 수 있다.

Precision of communication is important,
more important than ever,
in our era of hair-trigger balances,
when a false or misunderstood word may
create as much disaster as a sudden thoughtless act.

제임스 터버 James Thurber, 유머 작가

 027 /100

운을 망치고 싶지 않다면 말을 다듬어라.

*Mend your speech a little,
lest you mar your fortunes.*

셰익스피어 Shakespeare, 작가

셰익스피어의 말을 조금 바꿔보면 어떨까? 운을 만들 수 있도록 말을 다듬으라고 말이다. 우리는 말을 통해 다른 사람을 가르치고 동기를 부여한다. 이를 더 효과적으로 하려면 자신 있게 자기 생각을 말하는 기술이 필요하다.

 **028** /100

진정한 대화의 기술은
맞는 곳에서 맞는 말을 하는 것뿐 아니라,
안 맞는 곳에서 하지 말아야 할 말을
불쑥 해버리지 않는 것까지도 포함한다.

The real art of conversation
is not only to say the right thing in the right place,
but to leave unsaid the wrong thing
at the tempting moment.

도로시 네빌 Dorothy Neville, 작가

 입을 열기 전에 그 말이 부메랑처럼 되돌아와 당신을 괴롭히지는 않을지 생각해 볼 필요가 있다. 만약 그럴 가능성이 있다면 꿀꺽 삼켜버려라.

Date . . .

인간 의사소통의 궁극적 목적은 타협이다.

The overall purpose of human communication is — or should be — reconciliation.

스콧 펙 M. Scott Peck, **의사 겸 작가**

› 4주차 글쓰기 ‹

마음을 뒤흔든 대화를
떠올려 봅니다

지금보다 대화를 더 잘하고 싶다면
내가 경험해 온 대화를 돌이켜 볼 필요가 있습니다.
다른 사람이 당신에게 했던 말부터 기억을 더듬어 봅시다.
당신이 듣고 크게 감동했던 말은 무엇인가요?
어떤 상황에서, 왜 그렇게 감동하였을까요?
반대로 당신이 듣고 마음 상했던 말도 떠올려 써봅시다.
어떤 지점에서 마음이 상했나요?

5주차

*

귀 기울이기

 030 /100

내가 말하지 않은 것 때문에
상처받은 적은 한 번도 없다.

I have never been hurt by anything I didn't say.

캘빈 쿨리지 Calvin Coolidge, 정치인

누군가 당신을 공격해 올 때 즉각적으로 자신을 방어하거나 상대의 말을 부인하고 나서지 말라. 예기치 못한 언어적 공격에 발끈하여 되받는다면 이미 덫에 걸린 셈이 되어버리기 때문이다.

031 /100

침묵은 금일 뿐 아니라,
잘못 인용되는 일도 없다.

*Silence is not only golden,
it's seldom misquoted.*

밥 몽크하우스 Bob Monkhouse, 코미디언

Date

 032 /100

나중에 되삼키려 애쓰지 말고
그 순간 꿀꺽 말을 먹어버려라.

*It is better to swallow words
than to have to eat them later.*

프랭클린 루스벨트 Franklin D. Roosevelt, 전 미국 대통령

 입을 열기에 앞서 생각한다. '내 의견을 더하는 것이 사태에 도움이 될까?' 입을 여는 것이 문제만 일으키는 상황에서는 지혜롭게 침묵하는 법을 배우라. 그러면 당신도 당신 자신의 좋은 협력자가 될 수 있다.

Date . . .

 **033** /100

말을 줄이라는 조언은
아무리 많이 해도 부족하다.

There is much to be said for not saying much.

프랭크 타이거 Frank Tyger, 작가

 침묵의 순간이 어떤 가치를 갖는지 아는 게 중요하다. 허둥지둥 입을 열어 침묵을 깨려고 할 필요가 없다. 더 이상 상대에게 질질 끌려다닐 필요도 없다.

Date . . .

 034 /100

상대의 말을 집중해 들으면서
동시에 다른 일을 하기란 불가능하다.

You cannot truly listen to anyone
and do anything else at the same time.

스콧 펙 M. Scott Peck, 의사 겸 작가

5분 동안 상대에게 주의를 집중해 주겠다고 결심하라. 그리고 그 5분 간은 다른 것을 모두 마음에서 떨쳐버리고 상대를 세상에서 가장 중요한 존재로 생각하라. 주의를 집중함으로써 상대가 자신의 가치를 느끼게 하라. 그 5분이 듣는 둥 마는 둥 대했던 과거의 모든 상황을 보상해 줄 것이다.

 035 /100

침묵은 가장 반박하기 어려운 주장이다.

Silence is one of the hardest arguments to refute.

무명씨 Anonymous

협상 상황에서는 상대의 긴 침묵에도 흔들리지 않는 것이 아주 중요하다. 경험 많은 면접관은 침묵을 견디는 능력이 강인한 성격과 성숙함의 지표임을 잘 안다.

Date . . .

 **036** /100

힘에 맞서지 말라.
그 힘을 이용하라.

Don't fight forces.
Use them.

버크민스터 풀러 Buckminster Fuller, 건축가 겸 작가

힘에 맞서지 말고 그 힘의 정체를 밝히라. 일단 다툼이 시작되었다면 화내기보다는 상황을 명확히 하는 것이 먼저다. "화난 김에 내뱉은 말은 두고두고 후회할 소리이기 마련"이라는 성직자 헨리 워드 비처 Henry Ward Beecher의 말을 기억하라.

Date . . .

> 5주차 글쓰기

침묵 속에서
복기해 봅니다

이번 주차의 글귀들은 침묵을 강조합니다.
대화는 절반의 침묵과 절반의 말하기로 이루어지니까요.
침묵하면 좋았을 텐데, 아차 하는 순간에
입 밖으로 나가버린 당신의 말실수를 떠올려 보세요.
하지 말았어야 했는데 해버린 말은 무엇인가요?
언제, 누구에게, 왜 그런 말을 해버렸을까요?

6주차

*

지켜내기

 **037** /100

성공의 공식을 드릴 수는 없습니다.
다만 실패의 공식은 압니다.
모든 사람을 기쁘게 하려 들면 실패하고 맙니다.

I can't give you the formula for success;
I can for failure: Try to please everyone.

빌 코즈비 Bill Cosby, 코미디언

상대에게 기꺼이 시간을 내주는 사람이라는 이미지는 중요하다. 하지만 그것이 어떤 희생이든 감내하고 얻어내야 할 이미지는 아니다. 누구, 혹은 무엇에 언제, 얼마나 오랫동안 시간과 에너지를 투여할 것인지는 전적으로 당신이 내려야 할 결정 사항이다.

인간관계에는 크게 세 가지 접근법이 있다.
첫 번째는 자기 자신의 이익과 입장만 생각해
그것을 앞세우는 것이다.
두 번째는 늘 남을 자기보다 앞세우는 것이다.
세 번째는 자신을 처음에 두고 남들
또한 고려하는 것으로,
이것이 가장 이상적이다.

*There are three possible broad approaches
to the conduct of interpersonal relations.
The first is to consider one's self only
and ride roughshod over others.
The second is always to put others before one's self.
The third approach is the golden mean…
the individual places himself first, and takes others
into account.*

조셉 볼프 Joseph Wolpe, 행동치료 전문가

Date . . .

039 /100

적을 만들지 않으면서 핵심을 찌르는 기술,
그것이 전술이다.

*Tact is the art of making a point
without making an enemy.*

무명씨 Anonymous

Date . . .

040 /100

말은 파괴력을 지닌다.
서로를 어떻게 부르는지가 궁극적으로
서로를 어떻게 생각하는지를 결정한다.
이는 매우 중요하다.

Words can destroy.
What we call each other ultimately becomes
what we think of each other, and it matters.

진 커크패트릭Jeane Kirkpatrick, 정치인

장기적 관계를 원만하게 유지하려면 처음부터 대화의 규칙을 정해두는 것이 좋다. 무엇을 허용하고 무엇을 허용하지 않을지 의논하라. 그리고 이를 잘 지키기 위해서는 사전 합의가 필요하다.

Date . . .

당신의 시간, 돈, 에너지, 도움을
요청하는 부탁에 대해 'No'라고 말할 때마다
다른 무언가에는 'Yes'라고 대답하는 셈이다.

*Every time you say 'no' to a request for
time, money, energy, or support,
you are saying 'yes' to something else.*

매기 베드로시언 Maggie Bedrosian, 작가 겸 컨설턴트

 **042** /100

겸손한 사람이 되기 위해
남들 발밑에 깔릴 필요는 없다.

Being humble doesn't mean one has to be a mat.

마야 안젤루 Maya Angelou, 시인

 스스로에게 물어보라. 당신은 언제 남들을 먼저 배려하고 언제 자신을 먼저 생각하는가? 성공적인 관계를 맺고 유지하는 비결은 균형을 맞추는 데 있다.

Date . . .

 **043** /100

내가 내 편을 들지 않으면
누가 내 편을 들겠는가?
그런데 내가 내 편만 든다면 나는 무엇인가?
지금이 아니라면 언제인가?

If I am not for myself, who will be for me?
If I am for myself alone, what am I?
And if not now, when?

힐렐Hillel, 유대교 지도자

제안이 받아들여지리라는 생각을 당신도 안 하는데 대체 누가 할 수 있겠는가? 우선 당신 자신부터 낙관주의자가 되어야 한다. 그래야 확신을 품고 상대에게 다가갈 수 있다.

> 6주차 글쓰기

어떤 관계를 남길지
곱씹어 봅니다

누구나 좋은 사람이 되고픈 마음이 있습니다. 자칫 그러다가
나를 지키지 못하는 상황에 맞닥뜨리기도 합니다.
이번 주 글귀 중에서 특히 마음에 와닿는 것은 무엇이었나요?
어떤 경험 때문에 그토록 마음에 와닿는지 써봅시다.
당신이 맺고 있는 관계들 가운데 나를 지키기 어렵게 하는
관계를 찾아 대응 전략을 세워보는 것도 좋겠습니다.

7주차

*

공감하기

내가 어떤 문제 때문에 고통받고 있는지
진심으로 듣고 진정으로 이해하는
단 한 사람의 존재가 세계관을 바꾼다.

One friend, one person who is truly understanding,
who takes the trouble to listen to us
as we consider our problems,
can change our whole outlook on the world.

엘튼 메이요 Elton Mayo, **사회학자**

아는 사람이 백 명이라면 당신의 말을 정말 잘 들어주는 누군가는 한두 명에 불과할 것이다. 그런데 완전히 상대에게 주의를 집중해주는 것이 그로 하여금 자기 존재의 중요성을 깨닫게 하는 최고의 방법이라는 사실을 아는가? 주의 집중은 "지금, 이 순간 당신은 세상에서 제일 중요해"라고 말해주는 것이나 다름없다.

Date . . .

045 /100

눈으로는 늘 서로를 볼 수 없을지 모른다.
하지만 마음으로는 늘 서로를 보도록
노력할 수 있다.

We may not always see eye to eye.
We can try to see heart to heart.

샘 레벤슨 Sam Levenson, 작가

상대의 슬픔을 느끼는 것은 적선보다 더 힘들다.
돈은 인간의 자아 바깥에 있지만,
공감은 자기 영혼과의 대화이기 때문이다.

To commiserate is sometimes more than to give,
for money is external to a man's self,
but he who bestows compassion
communicates his own soul.

윌리엄 마운트포드 W. H. Mountford, 작가

Date . . .

 **047** /100

인내란 남의 믿음과 습관을 이해하려는
긍정적이고 진실된 노력이다.
그 믿음과 습관을 공유하거나
받아들일 수 없다 해도 말이다.

*Tolerance is the positive and cordial effort
to understand another's beliefs, practices, and habits
without necessarily sharing or accepting them.*

조슈아 리브먼Joshua Liebman, 랍비

당신의 선택은 무엇인가? 상대의 행동이 마음에 들지 않을 때 당신은 불평할 수도 있고, 질문을 던질 수도 있다. 이때 "왜 그렇게 생각하나요?" 혹은 "무슨 뜻이지요?"라는 질문은 그 알 수 없는 행동의 원인을 밝히기 위한 좋은 도구가 된다.

048 /100

'기회를 주자.'
상대가 영 마음에 들지 않을 때라도
이 말을 떠올리고 제대로 된
결론을 내리도록 노력하라.

"Give them a chance."
If you find yourself shutting someone off because
you don't like him or her, use this four-word phase
to help from accurate rather than erroneous conclusions
about this person.

샘 혼 Sam Horn, 커뮤니케이션 코치

공존共存이 아니면 부존不存이다.

It's coexistence or no existence.

버트런드 러셀Bertrand Russell, 철학자

주변 사람들을 경쟁자라기보다는 동료로 여겨라. 상명하복으로 의사소통하기보다는 서로 협력하여 해결책을 찾아보라. 남을 누르고 이기려 들지 말고 둘 다 이기는 상황을 만들라.

국가 사이와 마찬가지로
사람 사이에도
권리의 존중이 평화를 이끈다.

Between people, as among nations,
respect of each other's rights ensures the peace.

베니토 후아레즈Benito Juarez, 전 멕시코 대통령

7주차 글쓰기

갈등을 빚었던
상대방이 되어 봅니다

상대의 입장이 되어보려는 노력은 언제나 필요합니다.
마찰과 갈등에 신경을 곤두세우다 보면
그 이면에 있는 '사람'을 잊어버리기 쉽거든요.
최근에 당신이 겪은 짜증스러운 일, 억울했던 일,
다 때려치우고 싶다고 생각하게 만든 일을 떠올려 보세요.
그 일을 상대방 관점에서 설명하는 글을 써봅시다.
어쩌면 당신 마음이 훨씬 더 편안해질지도 모릅니다.

3

망치를 휘두르며
관계를 만들 수는 없다

무명씨 Anonymous

서로 맞추어 간다는 것

한참을 기다린 후 마침내 도착한 빨간색 광역 버스에 올라탄 때였습니다. 교통카드를 찍고 안으로 향하는데 웬걸, 기사 아저씨가 "아, 악기는 안 됩니다"라고 하더군요. 제가 메고 있던 기타를 뒤늦게 본 것이죠. 당황해서 "아니 뭐라고요?"라고 되묻자, 출입구에 붙은 안내문을 가리킵니다. 첼로, 콘트라베이스 등 큰 악기들을 줄줄이 그려놓고, 그 옆에 '승차 불가'라고 써놓았더군요.

저는 일단 벌컥 화가 났습니다. 오래 기다리기도 했고, 이 버스가 아니면 목적지까지 제시간에 갈 수도 없고, 이미 교통카드를 찍고 난 후이니 내릴 수도 없었죠. 게다가 승차 거부라니, 난생처음 겪는 황당한 상황이었습니다.

"카드를 이미 찍었는데 어떻게 하란 말씀이죠?" 저절로 목소리가 거칠어졌습니다. 기사 아저씨는 악기는 안 된다며 도돌이표였고요. 순간 이건 공손한 부탁으로 풀어야 한다는 생각이 스쳤습니다. '기사 아저씨에게 주도권을 넘기고 너그럽게 허락하게끔 만들어야겠군.' 저는 태세를 전환해 "죄송한데 한 번만 봐주시면 안 돼요? 승차 카드도 이미 찍어서요. 다음부터는 악기 갖고 안 탈게요"하며 사정했죠. 아저씨는 할 수 없다는 듯 들어가라고 손짓했습니다.

자리에 앉은 후 대체 왜 이런 승차 거부가 생겨났는지 검색해 보았습니다. 예술의 전당을 지나는 노선이다 보니 큰 악기를 갖고 타는 승객이 두 좌석을 차지하는 일이 잦았던 모양입니다. 그제야 버스 회사나 기사 아저씨 입장이 납득 갔습니다.

메뉴 결정에서부터 이해관계 충돌에 이르기까지 살면서 타협해야 하는 순간이 참 많습니다. 결국 내가 원하는 바와 상대가 원하는 바의 중간 지점을 맞춰야 하는 것이죠. 내 주장만 밀어붙이고 상대가 억지로 따르게 했다가는 결국 원하는 결과에서 한참 멀어질 수 있습니다. 상대 주장의 이유가 무엇인지, 어떻게 내 주장과 결합할 수 있을지 따져보는 노력이 필요합니다.

8주차

*

친절하기

나는 삶의 과정을 단 한 차례 지난다.
그러니 내가 보일 수 있는 친절이나
행할 수 있는 선행이 있다면
모른 척하거나 미루지 말고
지금, 이 순간 하게 해달라.
나는 두 번 다시 이 길을 지나지 않을 것이다.

I expect to pass through life but once.
If therefore, there be any kindness I can show,
or any good thing I can do for my fellow being,
let me do it now, and nor defer or neglect it,
as I shall not pass this way again.

윌리엄 펜 William Penn, 영국 출신 신대륙 개척자

Date . . .

 052 /100

인생은 짧지만
예의를 생각할 수 있을 만큼은 길다.

Life is not so short
but that there is always time for courtesy.

랄프 왈도 에머슨 Ralph Waldo Emerson, **사상가**

예의를 갖추며 명령을 내린다면 사람들이 거기에 맞춰 행동하겠다고 선택할 가능성이 더 커진다. 중요한 것은 어떤 표현을 써서 지시하고 명령할 것인지 좀 더 신중하게 생각하는 태도다.

 **053** /100

남의 삶에 햇살을 비추는 사람은
스스로도 햇살을 받기 마련이다.

*Those who bring sunshine
to the lives of others
cannot keep it from themselves.*

제임스 매튜 배리 James Matthew Barrie, 《피터 팬》의 작가

벌어진 상황에 대해 안타까워하는 것은 잘못을 인정하는 것이 아니라, 공감하고 동정한다는 뜻이다. 반면 "그건 당신 문제니 난 상관할 바가 아니오"라는 식으로 나간다면, 화가 난 상대는 결국 나한테까지 문제를 확대시키고 만다.

남을 배려하기 위해 의식적으로 자주
노력한다면 개인과 사회 전체는 모두
엄청난 변화를 겪을 것이다.

*If we were to make the conscious
and frequent effort of treating others
with consideration, the effects on us
and on society as a whole would be amazing.*

헨리 C. 링크 Henry C. Link, 심리학자

(친절하려는) 노력이 상대에게 비록 긍정적인 효과를 미치지 못했더라도, 당신 자신에게 긍정적인 것만은 확실하다. 긍정적인 기를 내보내기로 선택했다면 당신의 마음이나 영혼은 흔들리지 않는다. 어디 있든, 누구와 있든, 어떤 일이 일어나든 마음의 평화가 유지될 것이다.

Date . . .

 055 /100

우리 모두 서로에게 좀 더 친절해집시다.

Let us be kinder to one another.

올더스 헉슬리 Aldous Huxley, 소설가

상대를 존중하고 인정한다면 상대 역시 당신을 존중하고 인정할 것이다. 이 우호적인 반응은 따뜻한 세상에 대한 당신의 믿음을 강화시키고, 더 많은 사람들을 존중하도록 만든다. 긍정적인 나선이 한없이 퍼져나가는 것이다.

Date . . .

 **056** /100

자신을 높이 올리고 싶다면
남을 높이 올려주어라.

*If you want to lift yourself up,
lift up someone else.*

부커 워싱턴 Booker Washington, 교육자

대화를 독려하고 싶다면 당신도 자세를 낮춰라. 눈높이가 같아지면 사람들은 훨씬 더 편안하게 자기 의견을 이야기할 것이다. 역할이 평등해진 덕분에 말하고 듣는 행동 모두가 적극성을 띠게 된다.

057 /100

끝없는 친절이 악의를 이긴다.

Persistent kindness conquers the ill-disposed.

키케로^{Cicero}, 정치가 겸 철학자

Date . . .

> 8주차 글쓰기

다정하지 않을 이유를
정리해 봅니다

당신은 자신이 다정한 사람이라 생각하나요?
그렇다면 왜 그렇게 생각하는지 써봅시다.
당신은 어떤 행동으로 사람들에게 친절을 발휘하나요?
타인에게 친절하기 위해 사용하는
나만의 비법이 있다면 그걸 써도 좋겠네요.
혹시 스스로 다정한 사람이 아니라고 생각한다면 그 이유는 무엇인지,
어떤 경험 때문에 다정함을 선택하지 않는지 써볼까요?

9주차

*

시도하기

우리가 달려드는 일이 다 성공하는 것은 아니다.
다만 달려들지 않는다면 성공은 불가능하다.

Not Everything that is faced can be changed…
but nothing can be changed that is not faced.

존 F. 케네디 John F. Kennedy, 전 미국 대통령

Date . . .

대부분 사람은 문제를 해결하기보다는
문제 주위를 어슬렁거리는 데에
더 많은 시간과 에너지를 쏟다.

*Most people spend more time and energy
going around problems than in trying to solve them.*

헨리 포드 Henry Ford, **기업인**

했던 일에 대한 후회는 시간이 가면서 누그러진다. 하지 않았던 일에 대한 후회는 무엇으로도 위로받지 못한다.

Regret for the things we did can be tempered by time; it is regret for the things we did not do that is inconsolable.

시드니 해리스 Sydney J. Harris, 칼럼니스트

 **061** /100

아는 것으로는 충분치 않다.
실제로 적용해야 한다.
마음먹는 것으로는 충분치 않다.
행동해야 한다.

Knowing is not enough, we must apply.
Willing is not enough, we must do.

요한 볼프강 폰 괴테 Johann Wolfgang von Goethe, 작가

 교육의 목표는 지식이 아니라 행동이라는 것이 내 믿음이다. 정보는 사용되지 않는 한 의미가 없다. 머릿속이 복잡하면 행동할 수 없다. 단순하게 만들어야 한다.

 062 /100

문제가 있다면 그건 당신의 문제이다.
누군가 무엇인가 조치해야 한다고 생각한다면,
당신이 그 누군가임을 기억하라.

If you see a problem, it's yours.
If you think somebody should do something about it,
remember, you're as much a somebody as anybody.

선불교 센터 Center for Zen Buddhism

Date . . .

 **063** /100

왜 잘못되었는지 설명하는 시간보다는
해결하는 시간이 더 짧은 법이다.

*It takes less time to do something right
than to explain why it was done wrong.*

헨리 워즈워스 롱펠로 Henry Wadsworth Longfellow, 시인

 변명하지 말고 곧바로 행동에 나서라. 어째서 잘못되었는지 길게 설명하면서 시간을 보내지 말고, 그 시간에 일을 바로잡는 것이다!

Date . . .

절망의 해독제는 행동이다.

Action is the antidote to despair.

존 바에즈 Joan Baez, 가수

Date . . .

> 9주차 글쓰기

후회하는 일들을
톺아봅니다

당신이 시도하지 않아서 후회하고 있는 일이 있나요?
어떤 일을 꼭 해봐야 했는데,
누군가에게 꼭 물어보고 확인해야 했는데,
그만두지 말고 버텼어야 했는데 못 했던 일들 말입니다.
어떤 일이었는지, 왜 그렇게 되었는지 써봅시다.
그때 시도했다면 어떻게 되었을까요?

10주차

*

전달하기

문제를 땅에 뚫린 구멍이라 생각하라.
구멍을 더 깊게 팔 수도 있고
새로이 개간할 수도 있다.

See problems as holes in the ground.
You can dig deeper, or you can break new ground.

무명씨 Anonymous

Date . . .

 **066** /100

우리는 관계에서 우위를 점하고 싶어 한다.
남을 설득해 내 의견이 관철되면
스스로 강하다고 느끼며,
심리적으로도 만족감을 느낀다.

Each of us seeks to remain on top in an encounter.
If we succeed in outwitting the other person
and our viewpoint prevails, then we feel strong
rather than weak and we receive
a psychological boost.

제임스 레드필드 James Redfield, 작가

때려눕히기보다 일으켜 세우는 길을 더 많이 선택할수록 스스로에 대해 더 만족하게 된다. 일대일 관계에서 우위에 서려는 파괴적인 욕망을 경계해야 한다. 남을 이용해 승리를 얻고 우쭐해지는 것은 일시적인 쾌감에 불과하다.

교육의 비밀은 학생을 존중하는 데 있다.

The secret of education lies in respecting the pupil.

랄프 왈도 에머슨 Ralph Waldo Emerson, 사상가

 **068** /100

명령을 제안으로 바꾸면 사람들은
지긋지긋한 의무감의 굴레에서 벗어나
자발적인 마음을 먹게 된다.

Turning a command into a suggestion moves people
from a grudging have-to frame of mind to
a more gracious want-to frame of mind.

샘 혼 Sam Horn, **커뮤니케이션 코치**

 결정을 내리도록 압박하는 것과 아이디어를 멋지게 제시해 스스로 결정하도록 만드는 것은 엄연히 다르다. 상대에게 주도적인 역할을 주어라. 그럼으로써 저항을 줄일 수 있다.

Date . . .

내가 적을 없애는 방법은 친구로 만드는 것이다.

I destroy my enemy by making him my friend.

에이브러햄 링컨^{Abraham Lincoln}, 전 미국 대통령

대화는 싸움이 아니라 조절의 기법이다. 우리의 목표는 균형을 이루는 것이지, 상대의 부정적 전술을 낱낱이 밝혀내 파멸시키는 것이 아니다.

Date . . .

 **070** /100

누군가의 불평을 듣게 되면
그 말이 사실인지 아닌지 생각해 보라.
그리고 어쨌든 사실이라면
"그 말이 옳습니다"라는 마법의 표현을 동원하라.

When people complain, ask yourself if
what they are saying is basically true.
If it is, say these magic words: "You're right!"

샘 혼 Sam Horn, 커뮤니케이션 코치

 상대를 불안하게 만드는 가장 확실한 방법은 "절대로 하지 마"라고 말하는 것이다. 남들에게, 그리고 자신에게 이야기할 때 긍정적인 표현만을 사용해 보라.

Date . . .

 **071** /100

이야기는 때로 진실을 전하는 가장 좋은 도구가 되기도 한다. 맥락이 닿으면서도 충격적인 이야기라면 논증보다 더 강력하고 효과적이다.

Anecdotes are sometimes the best vehicles of truth, and if striking and appropriate are often more impressive and powerful than argument.

타이론 에즈워드 Tyrone Edwards, 작가

내가 터득한 최고의 메시지 전달 방법은, 요점을 제시하고 설명한 후 사례를 드는 것이다. 여기서 사례는 요점을 기억하도록 만드는 동시에 제안하고 있는 방법의 효과를 보여주는 두 역할을 한다.

10주차 글쓰기

존중하는 마음을
되짚어 봅니다

누군가의 마음을 얻는 비결 중 하나는 존중이 아닐지 합니다.
상대의 생각과 감정을, 상대라는 존재 자체를 존중하는 것이죠.
이건 가깝고 친한 사람일수록 어려운 일입니다.
이미 다 안다고 생각하기 때문에, 혹은 내가 원하니
움직여 줘야 마땅하다고 기대하기 때문이에요.
당신을 존중해 주었던 누군가에 대해 써봅시다.
어떤 상황이었을까요? 당신은 그 행동에 어떻게 반응했나요?

11주차

*

함께 웃기

 072 /100

삶을 슬퍼하기보다는 웃어버리는 편이
인간에게 더 어울린다.

*It better befits a man to laugh at life
than to lament over it.*

세네카 Seneca, 정치인

웃음의 힘을 배우기에 너무 늦었거나 너무 빠른 나이는 없다. 당신에게도 문제가 있다면 친구들과 함께 고민해 보라. 그리하여 끔찍한 상황을 유쾌하게 바꾸기 시작하라.

Date . . .

유머는 가장 위대한 구원이다.
유머가 터지는 순간 짜증과 분노는 사라지고
다시금 유쾌한 기분이 찾아온다.

*Humor is the great thing, the saving thing,
after all. The minute it crops up,
our irritations and resentments flit away,
and a sunny spirit takes their place.*

마크 트웨인 Mark Twain, 작가

 074 /100

웃겨주면 모두들 나를 좋아한다는 것을
나는 즉시 깨달았다. 그리고 그 교훈을
절대 잊지 않았다.

*I learned quickly that when I made others laugh,
they liked me. This lesson I will never forget.*

아트 버크월드 Art Buchwald, 칼럼니스트

 제아무리 신랄한 비평가도 재미있는 이야기를 듣는 것은 좋아한다. 질문, 그리고 생생한 성공담은 듣는 사람이 논리적 좌뇌에서 감정적 우뇌로 옮겨가게 만든다. 이야기의 결말에 흥미를 느낀 상대는 이미 그 아이디어를 경험한 셈이다.

Date . . .

 075 /100

제대로 살피기만 한다면
삶은 코미디로 넘쳐난다.

*Life literally abounds in comedy
if you just look around you.*

멜 브룩스 Mel Brooks, 배우

토크쇼에서 재치 있는 대화가 나온다면 눈여겨보고 기억하라. 코미디 프로그램이나 뉴스 만평을 보고 소리 내어 웃었다면 그 내용을 적어두어라(출처도 잊지 말고 기록하라).

Date . . .

웃음이란 삶이 가하는 펀치를 받아내는
충격 흡수 장치다.

Laughter is the shock absorber
that eases the blows of life.

요기 베라 Yogi Berra, 야구 선수

Date . . .

실수를 저질렀다면
이를 과감하게 유머의 소재로 삼아라.

*If you make a mistake, remember
that to err is humor and rib yourself.*

샘 혼 Sam Horn, **커뮤니케이션 코치**

자기 약점, 아픈 구석이 무엇인지 생각해 보라. 누군가 건드리면 곧장 폭발하거나 기가 팍 죽는 부분이 어디인가? 자, 주변에서 날아오는 펀치를 받아낼 방법을 적극적으로 고안해 보는 것은 어떤가.

 **078** /100

위트는 어둠으로부터 우리를 지켜주는 하나뿐인 울타리다.

Wit is the only wall between us and the dark.

마크 반 도렌 Mark Van Doren, 시인

어떤 일이 닥치든 유머 감각을 잃지 않겠다고 당신도 결심할 수 있겠는가? 그렇게 결심한다면 머지않아 험악한 욕설을 내뱉는 대신 낄낄거리며 웃고 있는 자신을 발견하게 될 것이다.

Date . . .

> 11주차 글쓰기

크게 웃은 순간을
되살려 봅니다

최근에 큰 소리로 웃었던 일을 떠올려 써볼까요?
우스운 이야기를 들었을 수도, 재미난 영상을 보았을 수도,
빵 터지는 상황을 목격했을 수도 있습니다.
그 경험을 써서 정리해 두면 나중에 다른 사람에게 들려주면서
다시 큰 소리로 웃게 만들 수 있을 겁니다. 웃음을 전파해 봅시다.

4

우리의 태도가
세상을 색칠하는 크레용이다

앨런 클라인 Allen Klein

더 많이 판단할수록
더 적게 사랑하는 이유

서울 지하철 3호선이 한강을 건너기 시작했을 때였습니다. 옆 출입구 쪽에서 쿵 소리가 나서 돌아보니 누군가 쓰러졌고 벌써 여러 사람이 주변을 둘러쌌더군요. 다가가 살펴보니 쓰러진 사람은 교복을 입은 남학생이었는데 경련 증세가 있었습니다. 혹시 심폐소생술이 필요하려나 싶어 코 밑에 손을 가져다 대어 확인하니 호흡은 괜찮더군요. 어느새 119에 신고한 사람들이 다음 역 승강장에 학생을 뉘어놓아야 한다고 알렸고, 남자들 몇이 힘을 합쳐 학생을 들어 옮겼습니다. 그 사이 누군가 기관실에 연락한 모양인지 응급환자가 발생해 잠시 정차한다는 지하철 안내 방송이 들려왔고요.

약속한 것도 아닌데 승객들이 일사불란하게 움직이는 모습이 참 감동이었습니다. 누군가는 학생을 옮기고, 누군가는 119에 신고하고, 누군가는 기관실에 알리고, 누군가는 승강장에 내린 승객들의 가방을 옮겨다 주었습니다. 지하철을 다시 탄 승객 한 명은 자기 가방을 승강장에 두고 왔다는 것을 알고 다음 역에서 되돌아가야 하는 웃지 못할 일을 겪기도 했지요. 무표정한 사람들이 서로에게 아무 관심 없이 휴대전화만 들여다보다가 타고 내리는 지하철이지만, 위기 상황이 발생하면 곧바로 아낌없이 도움의 손길을 내미는 세상이라니 얼마나 훈훈한가요.

지하철이라는 학교에서 인생 공부를 한 건 사실 여러 번입니다. 열차가 출발하고 설 때마다 이리저리 굴러다니는 빈 음료수 깡통을 아무렇지 않다는 듯 집어 들고 (집는 순간 자신이 먹은 깡통이라고 오해받는 게 싫어서 다들 눈치만 보고 있었는데 말이죠) 내리는 청년의 모습을 보았을 때도, 당뇨 때문인지 한쪽 다리가 잔뜩 부어오른 아저씨가 구걸하고 지나갈 때 바구니에 돈 넣는 나를 보고는 어느 아가씨가 자기도 주고 싶다며 혹시 현금이 더 있으면 빌려줄 수 있냐고 물었을 때도 (돈을 받은 아가씨는 굳이 내게 그 액수를 이체해 주고 아저씨 쪽으로 달려갔고요) 그랬지요. 이러한 경험은 '자기만 아는 요즘 젊은 사람들'에 대한 편견이 깨지는 순간이기도 했습니다.

세상은 어쩌면 그렇게 냉정하고 각박한 곳이 아닐지도 모릅니다. 냉정하고 각박한 것은 세상이 아니라 내 마음인지도요.

12주차

*

용감해지기

 **079** /100

인간은 자신의 믿음으로 만들어진다.
믿는 모습대로 존재하는 것이다.

Man is made by his beliefs.
As he believes, so he is.

바가바드 기타 Bhagavad Gita, 힌두교 경전

 모든 것은 당신의 해석에 달려 있다. 바로 이 때문에 일어난 상황을 정확하게 판단할 필요가 있다. 상황을 과장한다면 감정도 과장되고, 결과 또한 과장되기 쉽다.

공포는 교육을 통해 우리 안으로
들어오기도 하지만, 원하기만 하면 교육을 통해
우리 밖으로 나가기도 한다.

*Fears are educated into us, and can,
if we wish, be educated out of us.*

칼 메닝거 Karl Menninger, 심리치료 전문가

Date . . .

이상을 저버리지 않고 용감하게 행동하는 것,
이는 우리에게 남은 유일한 것,
아무도 빼앗아 가지 못하는 것이다.

*There is only one thing that remains to us,
that cannot be taken away: to act with courage
and dignity and to stick to the ideals
that give meaning to your life.*

자와할랄 네루 Jawaharlal Nehru, 정치인

여기서 이상이란 '뛰어남의 기준, 궁극적인 목표, 추구하는 바' 등으로 정의된다. 당신의 일상에서 이러한 이상을 실현해 보라. 직장에서, 가정에서, 공동체에서 맺는 모든 관계가 한층 발전할 것이다.

Date . . .

양발을 다 넣고 물 깊이를 재는 것은
바보뿐이다.

*Only a fool tests the depth of the water
with both feet.*

아프리카 속담

 **083** /100

한계를 역설하다 보면 어느덧 그것은 자기 한계가 된다.

Argue for your limitations, and sure enough, they're yours.

리처드 바크 Richard Bach, 작가

당신이 일상적으로 쓰는 언어에서 어떤 부정적, 폭력적 단어가 쓰이고 있는지 생각해 보라. 그 단어가 가진 축적 효과로 인해 당신은 자기도 미처 모르는 사이에 냉소적으로 변해가고 있는지 모른다. 좀 더 밝고 긍정적인 표현을 찾아보라. 어두침침한 지하 세계에서 벗어나 경이로운 세상을 발견하라.

Date . . .

우리는 스스로 행운을 만들고서
이를 운명이라 부른다.

We make our fortunes and call them fate.

벤저민 디즈레일리 Benjamin Disraeli, 정치인

Date . . .

 085 /100

'할 수 없다'라는 말을 마음에서 지워라.

Clear your mind of can't.

새뮤얼 존슨 Samuel Johnson, 시인

누군가의 부탁을 들어주는 일은 몇 가지 조건만 충족되면 얼마든지 가능하다는 점을 늘 기억해 둘 필요가 있다. 그리고 불가능한 이유 대신 언제 어떻게 가능해질 것인지에 초점을 맞추도록 하자.

12주차 글쓰기

솔직하고 당당하게
행동해 봅니다

'용감함'을 뭔가 거창한 것이라 여기기 쉽지만
사실 우리 삶의 많은 행동이 용감함을 필요로 합니다.
글쓰기도 마찬가지입니다. 솔직하고 당당하게 써서
독자 앞에 내놓는 행동이니까요. 모두 맞다고 할 때
틀린 것 같다고 말하는 행동도 용감함의 일종이죠.
자, 당신이 최근에 했던 용감한 행동은 무엇일까요?

13주차

*

다시 일어나기

 **086** /100

그 경험을 소중하게 사용한다면
그 어떤 잘못도 시간 낭비는 아니다.

Nothing is a waste of time
if you use the experience wisely.

오귀스트 로댕 Auguste Rodin, 조각가

누군가 잘못을 저질렀을 때 우리는 그 잘못을 비난할 수도 있고 거기서 교훈을 얻을 수도 있다. 실수를 되돌릴 수는 없다. 이미 매달린 일에 매달려 위축되는 대신 뼈아픈 경험을 바탕으로 한 걸음 더 앞으로 나아가야 한다.

Date . . .

 087 /100

아무리 큰 실수라 해도
돌이켜보고 회복할 수 있는 순간은
있기 마련이다.

*Every great mistake has a halfway moment,
a split second when it can be recalled
and perhaps remedied.*

펄 벅 Pearl S. Buck, **작가**

과거를 되돌릴 수 있는 사람은 없다. 잘못을 저지른 사람에게 그게 어떤 잘못이었는지 말해주는 것은 분노를 일으킬 뿐이다. 결코 돌이킬 수 없는 일에 대해 왈가왈부하는 셈이기 때문이다. '이렇게 했어야지'라는 말은 아예 사용하지 말라. 아무 소용 없는 말이다.

Date . . .

신이여, 고칠 수 없는 일은
의연히 받아들이는 여유로움을,
고쳐야 하는 일은 기필코 고치는 용기를,
그리고 그 두 일을 구별하는 지혜를 주소서.

God, give us grace to accept with serenity
the things that cannot be changed,
courage to change the things
which should be changed,
and the wisdom to distinguish
the one from the other.

라인홀트 니부어 Reinhold Niebuhr, 신학자

 **089 /100**

실패를 성공의 적으로 여기는 것은
흔히 목격할 수 있는 실수다.
실패는 뼈아프지만 가장 훌륭한 교사다.
실패가 당신을 위해 일하도록 만들어라.

It is a common mistake to think failure is the enemy of success. Failure is a teacher – a harsh one, but the best. Put failure to work for you.

토마스 왓슨 1세 Thomas John Watson Sr., 전 IBM 회장

과거의 잘못을 꼬집어 비판하는 대신 미래에 초점을 맞추게 하라. 두 번 다시 같은 잘못을 반복하지 않아야 한다는 것에 더 초점을 맞춰 지적하자.

Date . . .

충분히 오래 노력한다면 무엇이든 할 수 있다.

We can do anything we want
as long as we stick to it long enough.

헬렌 켈러 Helen Keller, 사회 활동가

Date . . .

091 /100

살아야 하는 이유를 가진 사람이라면
어떤 시련도 이겨낸다.

He who has a why to live can bear almost any how.

프리드리히 니체 Friedrich Nietzsche, 철학자

Date . . .

어떤 다리를 건너야 할지,
어떤 다리를 불태워 없애야 할지 아는 것이
인생에서 가장 어렵다.

*The hardest thing to learn in life is
which bridge to cross and which to burn.*

데이비드 러셀David O. Russell, **영화감독**

Date . . .

13주차 글쓰기

실패의 의미를
생각해 봅니다

이번 주차의 글귀들을 읽고 쓰면서
당신 머릿속에 떠올랐을 실패의 경험에 대해 써봅시다.
'지나간 일은 지나간 대로 그런 의미가 있다' 하니
그 실패가 당신에게 남긴 의미도 생각해 보죠.
자신을 더 잘 알게 되었나요?
세상이 작동하는 방식에 조금 더 익숙해졌을까요?

14주차

*

평화에 다다르기

늘 내 바깥에서 힘과 자신감을 찾았지만
그건 언제나 내 안에 있었다.

*I was always looking outside myself for strength
and confidence, but it comes from within.
It is there all the time.*

안나 프로이트 Anna Freud, 정신분석학자

살아오면서 수많은 재난에 시달렸다.
그런데 그 대부분은 일어나지도 않은
재난이었다.

*I've suffered a great many catastrophes in my life.
Most of them never happened.*

마크 트웨인 Mark Twain, 작가

Date . . .

회의주의로는 어떤 전투도 이긴 적이 없다.

Pessimism never won any battle.

드와이트 아이젠하워 Dwight D. Eisenhower, 전 미국 대통령

긍정적 기대를 품고 상황에 접근하라. 우선 당신부터 낙관주의자가 되어야 한다. 그래야 확신을 품고 상대에게 다가갈 수 있다.

Date . . .

 096 /100

마음의 평화는 내면을 조직화하는 능력이다.
혼란과 어려움, 갈등, 반대에 부딪쳐도
내면의 고요함을 유지하는 것이다.

*Peace of mind means the ability to be organized
inwardly; it means inner tranquility
in the midst of confusion, difficulty, conflict,
or opposition.*

노먼 빈센트 필 Norman Vincent Peale, 성직자

이성적으로는 평화를 지향하는 당신의 노력이 결국 당신을 대하는 다른 사람들의 태도를 친절하게 만들 것이다. 벌어진 상황에 대해 관대한 몇 마디를 중얼거릴 수 있다면 긍정적인 길이 열린다.

Date . . .

 **097** /100

삶의 평화를 얻기 위해서는
용기라는 대가를 치러야 한다.

Courage is the price that life exacts
for granting peace.

아멜리아 에어하트^{Amelia Earhart}, 최초로 대서양 횡단에 성공한 여자 비행사

 용기란 '단호하게 위험에 맞서게 하는 영적인 힘'을 뜻한다. 고결하게 행동하겠다고 작정하라. 나불대고 싶은 충동을 이겨내라. 무언가 꼭 말해야 한다면 건설적인 방향으로 하라.

삶을 바꾸고 싶다면 당장 대담하게 시작하라.
예외 따위는 두지 말라.

To change one's life, start immediately,
do it flamboyantly, no exceptions.

윌리엄 제임스 William James, 철학자

Date . . .

스스로를 돕지 않고는 누구도 진정으로
남을 돕지 못한다는 것,
이는 인생이 주는 가장 아름다운 위로이다.

It is one of the most beautiful compensations
of this life that no man can sincerely
try to help another without helping himself.

랄프 왈도 에머슨 Ralph Waldo Emerson, 사상가

누군가 당신에게 상처를 입혔을 때 상처로 되갚는 것은 결코 해결책이 될 수 없다. 오히려 둘 다 불행하게 만들 뿐이다. 나를 기분 나쁘게 만든 사람에게 성내기보다 공감한다면, 상대의 적대감은 사라지고 나와 상대 모두 행복한 조화를 이룰 수 있다.

Date . . .

> 14주차 글쓰기

행복해지기를 선택해 봅니다

"지금 행복하십니까?"라는 질문에 당신은 어떻게 대답할 건가요?
경제적으로 안정되지 않아서, 해결되지 않은 문제가 있어서,
옆에 있는 사람이 마음에 들지 않아서 행복하지 않다고요?
뒤집어 보면 지금부터 해결해야 할 도전과제들이 많아서,
옆에 누군가가 있어서 행복하다고 할 수 있겠네요.
지금 무엇이 당신을 행복하게 만드는지 써볼까요?
향기로운 커피 한잔, 거리의 햇살, 멋진 영화나 드라마 등
온갖 것들이 행복을 만들어 주고 있지 않나요?

우리가 할 일은
과거에 대한 비난이 아닌,
미래를 위한 계획이다

존 F. 케네디 John F. Kennedy

나가며

드디어 여기 도달했습니다! 진심으로 축하합니다! 큰맘 먹고 시작했다 해도 끝을 보지 못하는 일들이 얼마나 많은지요. 오늘로써 이 책과 100일을 함께한 당신은 대대적으로 축하를 받아 마땅합니다.

'건너뛴 날들이 꽤 많았는데…' '몰아서 해치운 게 여러 번이어서 축하받기에는 민망한걸…' 이런 생각이 들지도 모르겠습니다. 그래도 괜찮습니다. 어차피 우리가 가는 길에는 우여곡절이 있기 마련이니까요.

100일을 거치면서 접한 글귀 중 마음에 남은 것들이 있나요? 한 번 생각해 보고 흘려보내기 아까운 것은 당신 속에 꼭꼭 담아두면 좋겠습니다. 언제든 닥쳐올지 모를 위기의 순간에 그 글귀의 힘을 빌려 평온함을 유지할 수 있을지 모르거든요.

매주 한 번씩 당신이 직접 쓴 글, 다 합쳐 열네 편이나 되는 글들도 한번 훑어보세요. 어느새 까마득해져서 내가 이런 글을 썼나 싶기도 하고, 그때는 그렇게 생각했지만 지금은 다른 생각이 들지도 모릅니다. 살면서 생각, 느낌, 삶을 바라보는 자세와 태도가 바뀌어 나가는 게 자연스러운 이치랍니다. 고치거나 덧붙이고 싶은 부분이 있다면 당신의 글 옆에 메모해 두어도 좋겠네요.

이제 마지막 글귀와 함께 이 책은 소임을 다하려 합니다. 하지만 이후에도 당신은 좋은 글귀를 수없이 접하게 될 테니 와닿는 건 옮겨쓰고 그 글귀 덕분에 떠오른 생각을 써보는 작업을 계속할 수 있습니다. 그리고 이를 통해 조금 더 좋은 삶을 살게 될 겁니다. 오늘도 세상 속 자신의 자리에서 살아가는 당신에게 응원의 박수를 보냅니다.

우리가 가진 최고의 자유는
자신의 태도를 선택할 수 있는 자유이다.

Our greatest freedom is the freedom
to choose our attitude.

빅터 프랭클Viktor Frankl, 정신분석학자

현자의 지혜와 세월의 경험은
인용구를 통해 영원을 얻는다

벤저민 디즈레일리 | Benjamin Disraeli

적을 만들지 않는 100일 필사

초판 1쇄 발행 2025년 9월 30일

지은이 • 샘 혼
엮은이 • 이상원

펴낸이 • 박선경
기획/편집 • 이유나, 지혜빈, 민석홍, 연사랑
홍보/마케팅 • 박언경, 김경률
제작 • 디자인원(031-941-0991)

펴낸곳 • 도서출판 갈매나무
출판등록 • 2006년 7월 27일 제395-2006-000092호
주소 • 경기도 고양시 일산동구 호수로 358-39 (백석동, 동문타워 I) 808호
전화 • (031)967-5596
팩스 • (031)967-5597
블로그 • blog.naver.com/kevinmanse
이메일 • kevinmanse@naver.com
트위터 • twitter.com/galmaenamu_pub
인스타그램 • www.instagram.com/galmaenamu.pub

ISBN 979-11-91842-96-8 (03190)
값 22,000원

• 잘못된 책은 구입하신 서점에서 바꾸어드립니다.